둥글다

둥글다

김길웅의 제8시집

정은출판

| 시인의 말 |

은유 하나

여름 아침
한 줄금 비 뒤
풀잎 끝 결로結露
가느다란 햇살에 눈부시다
나
기어이 해맑은 네
영혼이었으면
내 언어가 머리에 인 우주였으면
안으로 날 품어 준다던
결 고운 네 목소리
숨결이었으면
꿈이고 노래였으면
이글이글 타오르는 사랑이었으면
저기, 먼 속울음에

간신히
매달린 은유 하나 그게
내 시詩였으면
그랬으면

2020년 4월
東甫 김길웅

차례

1 _ 바람 부는 날에도

2 — 모나리자에게서 돌아서다

3 _ 무인도도 개념이다

4 _ 유년의 집터에서

5 _ 담쟁이의 꿈

부록

1 – 바람 부는 날에도

밥에 관한 담론

살기 위해 먹느냐, 먹기 위해 사느냐의 끊임없는 담론 날품팔이로 바닥을 치는 사람에게 물어보면 열이면 열이 한입이 될 것이다 밥을 먹기 위해 하루를 사는 거라고 살기 위해 먹는다는 형이상적 답은 구차하다 밥 안 먹는 철학은 없다 밥을 먹어야 하늘이 있고 그 아래 산이 보이고 사람을 만난다 사랑하고 글도 쓴다 이 담론은 오래 끌고 갈 이유가 없다 밥은 군림한다

새벽 푸념

이 새벽, 웬 푸념인지요

보고 싶은 것
마음에 담고 싶은 것
만나고 싶은 사람
가 보았으면 하는 곳
다가앉아 그리고 싶은 산천
쓰고 싶은 글

이 시간
그런 것들로 주렁주렁
매달린 눈썹이 무겁습니다

나이 드는 것도 잊고
칭얼칭얼
머리맡으로 떨어져 고이는
낙숫물 같은

이 시간의 무게에 왜 이리 가슴
아린지요

하루 다르게
아이 되는 모양입니다

공부방을 내며

늘그막에 공부방을 냈네
가까워도 먼 거리, 바다 건너 떼배 타 육지 가듯 건넌방으로 이사하네
갈증을 적셔 줄 책 몇 권과 노트북 종이 만년필과 잉크를 갖고 왔네
싱글침대엔 늘 이불이 펴 있을 것이네
잠만 아니라 쇠하는 기력이 곤고하면 휴지를 주려 배려하는 것이네
먹는 것 말고 다 이곳서 해결할 심산이네
동창을 열면 맑은 아침에 덤벼드는 싸늘한 공기쯤 몇 번 깊이 들이쉬었다
뱉으면 그만이네
이곳서도 하고 싶은 걸 하는 방식에 길들여 시간이 흐를 것이네
별 것 아니고 무심히 늙어 가고 싶을 뿐이네
과거가 들락거리다 뜬금없이 추억을 불러 울컥해도 좋은 것이네
회상은 늘 그리운 발자국, 정겨운 방문으로 오는 거라서 살아온 만큼만 글을
쓰려 하네.
큰비 쏟아질 것 같은 하늘 이고 어둑한 날에도 쓸 수만 있으면 좋

겠네
　책상머리에 앉아 있네

낙수落穗

그날
갓 출산한
핏덩일 바라보던
아내의 눈빛이 떠올라
빙긋 웃는다

어미의
세상을 품던
웃음

나도 지금
그런 웃음 웃는가

뼈를 깎아 책을 낸다
몸 뒤틀어
속엣 걸 끄집어낸다

노역 뒤
황홀한 웃음

고단한데
턱 괴고 책상머리

다시

두루뭉수리 2

맑은 상념이라 그 하나에만
매달려 좇다 보면
하나의 사유, 무게에 눌리면서
모르는 새
한구석 어둠의 모서리만 쪼고 있다
머릿속을 털어내도 떠오르지 않는 몇몇 기억쯤
삭제도 하는 것이지
그걸 재구성한다고 버둥대다 보면
꼬투리를 놓치고 만다
꽃은 고혹한 것이지 아름답다 기어이 말하는
수식은 꽃에게 부담이다
무엇에 빠지지 않아 좋은 것이지
두루뭉수리
하나에 지독히 쏠리지 않는

책을 읽으며

책을 읽으며
저자를 만나 담소를 나눈다.
히죽대며 웃고 생각하고
그렇게 맴돌다 한 발짝 나아간다
숨 꽉 막히는 대목에선
가팔라
먼 산에 눈만 가 있다
몇 날 며칠
꿈꾸듯
사유의 도저한 골짝을 혼자
헤매며 절정의 그를 바라보다 그만
길을 놓쳤다
물 한 모금에 목축이고
주섬주섬
다시 걸어 오른다

갑질에 관한 小考

아잇적 말 타기 놀이 생각이 난다
앞 사람 가랑이 새로 머리 박아 꿈틀대는 줄 속으로 구부린 아이들
등허릴 타고 날아오르면 신이 났다
사람을 깔고 앉아 있는 게 좋았다

어른은 아이가 아니다
어른이 사람을 타고 지나는 것은 놀이가 아니다
곧바로 아랫사람이 주저앉는다
체신이 망가져, 사람인데 사람 아래로 아뜩히 추락한다

사람을 타고 지난 사람은 이미 사람이 아니다
탈을 쓴 허깨비다

갑질하는 자
대한민국엔 이런 자들이 많다
허깨비들

계단을 내리며

무얼
잊고 왔을까
생각의 무게인가

내리는 길이 훨씬
힘들다

더 머물고 싶게 그곳서
설렜던

아직도 정리되지 않아
들뜨게 하는 그
무엇

그걸 업고 내리려니
한 걸음이
천근

시력 난조

어스름하다
눈이 숲으로 가다 주춤한다
바람 자고
구름에 해는 숨었지만 아직 산그늘
내리지 않았다
지금 숲은
친친
칡넝쿨에 덮여 난장이지만 눈
지치게 푸르다
새가 깊이 숨은 건 왤까
풀잎 하늘거리다 멎은 후 한낮의 적요
암만 봐도 그 자리에
있을 게 없다
지척에서 눈 씻고 봐도 숲은 있는데
있던 자리에 있을 게 없다
속이 안 보인다

깨어 버린 청맹의 꿈이
하 서러운 날

아내는 목하 사경 중

몇 년 전부터 아내는 법화경을 사경한다 끊임없이 이어지는 노역에 질려 경탄한다 계량화할 게 아니라서 그렇지 경탑에 가지 않고 그냥 쌓아뒀다면 제 키를 훨씬 넘었을 거다 나는 건넌방에서 듣기만 한다 쓰면서 읽고 읽다가 쓴다 복사하는 게 아니다 마음이 쓰는 것 불심이 하는 일이다 어깨가 쑤셔 파스를 닥지닥지 붙여 가며 책상머리에 앉는 아내 요즘엔 손자 지용이가 고1이 된다고 더 오래 더 많이 더 열중한다

보청기

보청기는 몸이 아니다 째진 고막 대신 흩어진 소리를 불러 모으는 인공 이물이다 과학이 몸속으로 들어가 역할 해 봐라 명한 것인데 몸이 낯설어 혼융하지 않는지 들리는 둥 마는 둥, 못 듣던 스치고 지나는 거북한 바람소릴 낼 때가 있다 그건 언어가 아니라 눈빛과 입모양으로 말을 조립해야 한다 제 임무를 못하는 녀석을 철거해야 하는 건 아닌지 모르겠다 듣지 않아 좋을 것도 적지 않겠거니와 이제까지 많은 말을 들어왔으니 서운해 할 것도 없다 바로 꺼냈더니 바람소리만 윙윙 이명으로 요란해 도로 넣는다 어중간하다

신발에게 2

허구한 날
길 없는 뜨거운 모래바람 속을
잘도 걸었던 걸 내 아느니
몸져눕기도 하여라
고단할 것인데 좀 쉬지 않고 오늘은
또 어딜 간다고 나선 길이냐
몸을 더는 함부로 마라
이왕 나선 길이니 길 가다 샘을 만나면 좋겠구나
목축이고 그늘에 앉아 지나온
길도 되돌아보아라
물 흐르듯 구름 가듯 바람처럼 하면 좋은데
한 생을 산다는 게 그리 되더냐
세월이 묻은 자국이겠지
그새 많이 처졌구나
별안간 알 수 없는 일이다
불볕더위도 잊고 귀 세워 놓아

질질 끌며가는 네 소리에 눈물겨운
여름 한낮

도로徒勞

시시포스는 지금도 바위를 굴릴까
낑낑대며 바위를 굴려 정상에 올려놓고 있을까
굴러 떨어지면 밀어 올리고 굴러 내리면
다시 어깨에 얹어 밀어 올리고
그의 형벌은 지금도 진행시제일까
행여 미래로 가는가
그에게 신들이 내린 형벌은 과연 타당한 것인가
법리를 따른 것인가
관습이었는가
불문율은 아니었을까.
속이고 교만하고
여행자를 죽이고 또 죽음 앞에서
신을 기만한 것은 돌이키지 못할 중죄라는 이유만으로
단죄한 것이
온당한 것인가, 또 공정한가
그건 내 일이 아니라고 나 몰라라 해도 되는가
첫 숨을 내쉬는 순간, 바위를 밀어

올려야 하는 게 사람인데, 사람의 삶인데
세파에 쓸려 허덕이는 등 뒤로
달려와 허무는데
맘대로 짐 지고 부리지도 못하는데
선택하지도 못하는데
가령 죄인이라도 개과천선하면 되는 건 아닌가
시시포스는 지금도 바위를 굴릴까

바람 부는 날에도

내 삶 속엔 늘 바람이 산다

바람 부는 날과 안 부는 날이 반반이다

다만, 바람 부는 날에도 바람 안 부는 시간, 바람 안 부는 지점이 있다

그 지점에서 그 시간을 바람 없이 지날 때, 뜻하지 않은 한때의 평화가 생광하는 자유에서 오고 있었다

그걸 마음으로 마중하면 통속에서 이탈한 하루가 길다

요즘, 내겐 바람 없는 삶이 바람 속에 산머루쯤으로 익어 가는 시절이다

이젠, 바람이 안 불 때를 기다리다 바람 부는 날에도 바람 속으로 들어가 바람에 부대끼며 바람의 글을 쓴다

쓰며 더 세게 흔들린다

老化

지는 잎을 보다

본래 저런 거라기에

그렇구나

고개 끄덕이며 요즘

혼자 연습 중

지는 잎을 보며

저 지는 걸

책 3

소리 들린다
출렁이며
더러 잦아들기도 하며
살아온 날들의 헝간을 타고
흐르는 소리

몹시 가슴 울렁거린다
젊은 날
날아오르던 날의 환희며
추락하던 날의 가팔랐던 절망에

하여도
그것들을 써야 하고
또 쓸 수밖에 없었을 때, 그때마다
쓰고 나면
파삭 몸이 삭았다

덮기로 한다
책 속에 잠든 하 지친 영혼 위로
산을 내린 바람이
가을을 부르는
오늘

시를 읽다가

포인트를 모르고 던졌으니
입질이 올 리 없지
천지 암흑이고
길길이 치솟는 풍랑
길 묻혔는데 등대가 없다
몸이 중심을 잃더니 비틀거린다
뭍이 그립다
책을 덮어 버리려다
부질없이 투덜대는 벌게진 민낯
만만하다고
죄 없는 활자만 타박한다
왜 이리 난해하냐
지친 영혼이 잠들게
다독거리면 어디가 덧나냐

뼈대의 반란

이럴 수가
하 몸이 수상쩍다
등 굽고 허리 휘고 목 빳빳하다
엉치등뼈가 찢어지는 것 같고 어깨 삐걱거린다
무릎이 시큰대고 손목 헐거워 잡았다 그냥 놔 버린다
성한 뼈가 없다
신을 신는데 발가락 하나가 거부하고 나선다
제법 당당하다
집에 들어앉아 버렸다
작은 뼈 하나가 몸을 지배하는구나
몸은 뼈대의 교집합
이백 여섯 뼈마디 하나하나가 부품인 걸 알았다
까딱하면 서 버린다
퍼뜩
어느 자동차 정비소가 떠오른다
'기름 치고, 닦고, 조이자'
아, 그렇구나

사전을 찾으며

알 듯 낯선 얼굴들이 줄 섰다 끝이 안 보인다

이곳서 행세하려면 수많은 그들과 속을 터야 한다 수는 단 하나, 이름을 불러 주는 것 거대한 이름의 숲, 폭풍한설에도 무성한 말의 숲 내겐 이 숲을 헤칠 재간이 없다 속으로 들어가 무턱대고 이름을 부르기로 했다 부질없이, 허공을 향해 호명이 이어지고, 어느 날 앞으로 무수한 이름들이 다가오기 시작했다 끌어안으니 제법 낯익다

지금 꿈길을 걷듯 이 길 위에 있다 낯선 그들과 말을 트니 신명난다 생업처럼 그들 이름을 부르는 일에 매달려 산다

2 – 모나리자에게서 돌아서다

투망 속 그것 하나

어둠 속으로
힘 다한 투망이다
어린 건 놓아주고 못난 건 가려낸 뒤
물에 씻는다, 반짝이게 씻는다
팔딱거리는 날것들에
이물에서 고물로 춤이 흐른다
늙수그레한 선장, 지켜보며 시종 침묵한다
그물이 꽉 찬 건 좋지만
어획의 총량을 능가할, 아직 만난 적 없는,
꿈에 그리는,
그것에 목마르다

기웃거리지만 나타나지 않는다
본 적 없는 신선한 것
싱싱한 낱말 하나

휴지 3

어찌어찌
예까지 왔구나
내키어
그리 하러 온 길이야
체면불고 해야지
사소한 것도
변덕은 안되느니
거칠게
어떤 손이
버리기 전에
먼저
널
버리어라
어서

종이 위의 情事

몽블랑 만년필의 낯선 멋에 침 흘리더니 그것이 촉촉한 말들을 쏟아내며 불끈 일어난 쾌락에 한 줄 두 줄 질질 끌려가 한 고비에서 맞바람에 날개 달아 숨 할딱이며 함께 팔부능선을 넘는다 터져 나오는 환희에 절정을 치더니 천지를 뒤흔드는 포효 뒤, 이마로 산산한 바람 오고 하산 길 걸음이 턱없이 가벼워

모나리자에게서 돌아서다

해후였다
첨엔 나만 반겼다
한참 쳐다보는데 그녀가 슬프다
돌아서자 나를 느려본다
나는 작심하고 는 실룩이기 시작했다
그만 무표정하다
그림 속 모나리자에겐 눈썹이 없었다
눈은 웃고 있지 않고
안면 조직이 움직이지 않았다
레오나르도 다빈치는 지금 이 세상에 없다
그림은 미완성
입가에 번지다 멎어버린 미소의 영원한 실종
한때 그녀에게 홀렸다
결국 나를 웃게 하지 않았다
웃게 한 건
어머니의 웃음이었다

당신의 흙 묻은 얼굴에 살포시 퍼지던
그 미소

고등어를 구우며 엿듣다

평생 산다 했던
바다를 운명처럼 등지고
여기까지 왔다
살이 뼈에게 간곡히 말을 건넨다
이봐,
이렇게 뜨거운 세상도 있었구나
오래 걸어 고단한 걸 보니
이제 다 온 것 같아.
우리, 한때 아프지만 참기로 하자
내가 먼저지만
뒤집어 놓으면 네 차례거든
함께 익어 가는구나
이렇게 가고 있으니 됐다
잠시도
우린 갈라선 적 없었잖아
그랬지
끝까지였지

휴지통

글이 사라졌다
폴더를 뒤져도 없다
이상하다
머릿속 안개 걷히길 기다려 다시
봤지만 흔적도 없다
심박이 팔딱이고 팔다리에
쫙 맥이 풀린다
아, 휴지통을 뒤지자
커서가 수십 번을 훑었지만
말짱 도로다
삭제하지 않았으니 거기 있을 리 없다
어디로 도망질한 걸까
그 제목으론 써지지 않아
그냥 앉아 있다

사랑이네

한 모금 물로
함께 목축이던 사람이면
떠나도
사랑이네
곁에 없어도
한 모금 물로 남는
사랑이네
두 손으로 받아 든
한 움큼 물속에 떠 있는 웃음
그 웃음
사랑이네
목축이고 있는데
웃고 있네
그가 웃고 내가 웃네
사랑이네

연소

이왕 예까지 왔다
꺼지지 마라
한순간에 꺼지더라도 마지막까지 치솟아야 한다
그 고비, 그 길

방출

주저하지 마라

새로 날든
바람으로 비를 부르든
큰물 지고
천둥으로 울어
구름으로 흐르거나
행여
강물에 떠 내리거나
그건 필경 그리되는 것일 뿐

보낼 건
보내야 하느니
먼 데로 눈 지그시 감고
앞뒤 잴 것 없다
뒤에 부를 노래가 있지 않으냐
한순간에

불끈
밀어 내어라

인연 끝

부부 사이

김영순, 천지에 널린 이름이다
이 사람하고 쉰 몇 해를 함께 살고 있다
같이 길을 많이 걸었다
걸으며 사랑하고 얘기하고 끙끙 앓고 고민했다
어깨 싸안아 울기도 했지만 햇살 좋은 날엔 쳐다보며 웃었다
다툰 적도 적지 않았으나 화해했으니 사이가 됐다
여행을 많이 하진 못했어도 마음은 늘 같이 떠나는 길 위에 있었다
늘그막에 나는 글을 쓰는데 이 사람, 내 글을 꼬박꼬박 읽는다 그러곤 찬연히 웃는다 그 웃음 뒤로 숨었다 나는 또 쓴다
제일 좋은 건 둘이 밥 먹을 때다
노상 그랬던 일이다 삼시세끼를 근심하다가 상을 받고 앉으면 된장국을 들이켜도 후루룩 소리에 피는 웃음
또 마주앉았다
이번엔 멸치국수인데 일미다

소금

無味는 아니라는
천성이 완고한 고집, 그보다
無難함에 갇혀 있는 안일을 한 방 쥐어박으려는
당당한 보행을 위해 타는 별 아래 수없이 태워
포말보다 더 하얘진 이력쯤
그냥 접기로 한다

빛 앞에 나서는 것도 두렵지 않게 날카로워진 심성이
이제, 또 어둠까지 품었지만
언제든, 그게 산의 속살로 푸른 푸성귀거나
바다의 숨결로 일어서는 기억 너머
어머니 맛깔을 깨우는 것이라면 이것저것
가리지 않아, 스민다

낙서하다

늦가을 볕 좋은 날 무슨 생각에 어딜, 어디쯤 가고 있었나 하구로 둥둥 떠내리다가 눈 아래 번쩍 빛 머금은 것 하날 주웠다 분명 내가 휘갈긴 기호, 사념의 바닥 사금砂金 같은

말이 숨는다

말이 숨는다
찾으면 더 숨는 말
내가 한번 숨어 봤다 말은
나를 찾지 않았다
말은 나를 찾지 않는데 나만 말을
찾고 있다
공정하지 못하다
하루는 말을 찾아 나서지 않았더니 그래도
말은 입 비죽이며
뒷짐만 질 뿐
나를 찾아 나서지 않았다
이유 있었다
나는 말을 찾아야 쓰는데
말은 뭘 쓰지 않고
내게 쓰인다

그 뒤로 온 것

흔들려도 흔들린 만큼
나가지 않았어
꿈꿔도 꿈꾼 거처럼
무엇이 커지는 것도 아니었고
넘어지지 않고
버둥대면서도 그냥 그대로
서 있었던 건
우연이 아니었을까
뭔가 애매해

그 뒤로 온 건
분명 내가 이곳에 있다는 그
사실에 관한
조그만 확인이었을 뿐이야
다만, 그 뒤로
머릿속이 썩 맑아진 거 같고
어쩌면 나이를

느끼지 못하는 걸까
뭔가 모호해

메모수첩

해묵은 기억들이
그때의 시간에 갇혔다
부스스 눈을 뜬다
가뭇없이 지워진 일들
그때 가슴 뛰던 것
어느 골짝을 지나다 본 들꽃의 개화
스치며 크로키 했었지
숨소리 들리고
오늘, 그날의 표정으로 다가온다
저것들
더께 먼지 탈탈 털어
여린 볕 쬐고
바람 한 쫴기 쐬게 해 줘야지
낱 장 넘겨 가며
고것들 그새
들썩이며 웃는다

흠칫하다

도시에 살다
전처럼 읍내로 와
먼 산 바라기 바다 거닐며
오는 새에 눈 맞춰
할 일 하고
안 할 일 안 하며
귀 열어놓되 닫고 지냈는데
어둔 길 거센 바람도 마다 안 했는데
어제는 괜히 들떴고
오늘은 생판 모르는 걸 마치
잘 아는 척
아주 꿰차 아는 척
하고 있었다 내가 아닌
딴 사람만 같아
이건 아닌데 안 하던
건데 흠칫하다

내 글의 문법

제재를 품어 언어의 옷을 입힐 때면 아잇적 질리게 입었던 성긴 무명옷을 생각한다

발일하고 와 푸른 등잔불 아래 어머니가 밤새 내 옷을 지으셨다

한 땀 한 땀 때 낀 손이 떠나간 그 옷

미싱 자국은 메커니즘의 반반한 민낯이었지만, 내 옷의 자국은 산등성이 오르막을 오르던 어머니의 숨 가쁜 노고였다

나는 글을 쓰며 지금도 당신의 그 가없는 사랑의 숨결에 귀 기울인다

맞춤법이나 토씨나 비유 이전, 어머니의 결 곧은 바느질의 궤적

비백飛白

감기로 신열 끓는 중에 직경 일 센티 붓으로 천자문을 미친 듯 휘호했다는 대서예가 라석 선생의 글 '광필 천자문'을 읽다 소스라쳤다 콧물 줄줄 흘리며 붓을 최대로 눌러 길게 납작하게 장방형으로 꺾고 비틀고 굴리고 달리다 멈추고 또 연신 그렇게 붓이 지난 자국 살벌하다 명품이 된 일 천 글자의 꿈틀거림 예인이 일가를 이루면 감기는 병도 아닌가 붓끝이 마침내 날갯짓해 비백飛白으로 날아 글씨인가, 그림인가, 분별이 안 되나 장엄하여라

序詞

시작인 것 같았는데 출발하지 않았다 끝인 것 같았는데 종점이 아니었다 시작은 황홀한 것인데 그런 첫발을 놓던 눈부신 기억이 없고, 끝은 도달인데 나는 어떤 달리는 교통수단에 몸을 맡겨 흔들리다 종점에 닿은 적이 없다 언제부턴가 질펀한 풀밭을 작은 개울로 흘렀고 그 흐름은 점점 줄기를 이뤄 아마 내가 존재하는 날까지 멈추지 않고 이어질 것을 예약했다 흐름이 시작이란 걸 처음 알았다 멈추지 않고 흐를 때 글이다 시이고 수필이다 팔딱거리며 물 튀기는 날것의 언어, 그 시퍼런 언어를 뜨기 위해 나는 오늘도 멀리 막연한 투망을 쉬지 않는다 일단 포획한 언어는 뜰채에 담겨져 내 안에 씨와 날의 암각화 같은 문양을 아로새길 것이다 이제 간신히 시작하려 한다 초원을 가로질러 하늘을 우러르나 끝은 안 보인다 그래도 가려 한다.

3 - 무인도도 개념이다

무인도도 개념이다

사람이 안 살아
꽃밭도 울타리도 없다
섬 전체가 모두 꽃밭이고 울타리다
모래바람에도 풀과 나무가 산다
물결의 운율에
물새들이 많은 말을 해 외롭지 않고
둘레로 사철 푸른 바다
손 내밀면 다 내 것 다리 뻗으면 집
시 쓴다는 사람이 한 번 다녀간 적 있지만
또 오면 입 떼려 했더니
다신 오지 않는다.
불편했을까
단 하루 머물러 되는 시는 없다
이번 누군가 온다면
시가 될 때까지 떠나지 마라 하리라
눌러 살라진 않겠고

雨後謠

비는 땅을 덮는
훈김이다

달포를 캥캥거리던 땅의
마른기침이 순간에
멎었다

하늘 우러러
이제야 제대로 숨 한 번 쉬는
이 편안한 들숨 날숨

대지가 꿈틀하던 날 시골
어느 집 아침 풍경

입 가득 젖을 빨던 아기 몸
뒤틀며 키득거리자
꾹 다물었던 입 열더니

오랜만에 빙그레

그 어미 웃다

돌이끼 3

어느 쪽이 먼저 손 내밀었는지 모르나 그건 중요하지 않다 연緣인 것이지 아마 한 모금 물에 목마른 쪽이 낯설게 발을 놓았을 것인데 오랜 세월 눈비 맞다 보니 함께 끌어안게 됐을 것이다 대상의 세계에서 따뜻이 바라보면 좋은 것이지 저것들을 차갑게 떼어 놓을 건 아니다 이젠 저렇게 가고 있지 않으냐 무더기로 퍼렇게 돋아난 꿈

섬그늘

딴 건 몰라도
섬엔 섬만한 그늘이 있다
여름 한낮
새들도 동굴을 나와 몸 길게 뉜다
지나던 바람도 함께 누우면
솨르 솨르르
귓가로 스미는 갈맷빛 바닷소리
나는 어느새 활활 벗고 바다로 찰랑대던
아이가 된다
물새로 울어 자그맣게
물새의 운율로
시의 집을 짓는다.
여름을 섬으로 눕는다
시도 눕는다

풍경 속으로

바람 없고
놀 스러지는데
어둠 내리는 길목에
서면
싸고도는 얄브스름한
무채색 기운
짙다

살짝
만져질 듯 와 있진 않고
다가서진 않아도
서 있는
저 풍경 속으로
다리 죽 벋고 누으면
무탈하겠다

해무 2

담채에 군 손이 덧칠해 버렸나
헹궈 내지 못한 빛깔을 묽게 할 재간은 없는 건지 잔뜩 품은 채
저렇게 종일 손을 놓고 있다
하늘 자락을 물고 늘어져 바다를 덮은 거대한 해무의 손, 그 손이 순간순간 경련 뒤 여운처럼 고물거릴 뿐.
구름도 흐르다 숨었다
내 의식의 갈피엔 저런 불투명한 기억 같은 건 없었다
숨죽인 채로, 애틋한 기다림이 갇혀 구원을 기다리고 있을지 모른다
너나 나하고 무관한 것이 아닌

단풍의 의미론

단풍은 나무가 제 몸에 불 질러 단번에 생의 절정을 치고 오르려 길 트는 현란한 의식으로 이를테면 자신이 살아온 삶에 관한 잘 정련된 언술이라는 심오한 의미를 지닌다 극도로 절제된 그의 말은 활활 불붙는 와중에 내뱉는 최후의 진술 같은 것이다 하도 현란한 탓으로 논리에 소홀하기 십상이지만 나무로선 생애를 건 진지한 변증법적 담론일 수밖에 없다 바로 눈앞으로 겨울이 와 그를 접수할 것인데

한라산

몇 번 올랐다 재지 마라
전날 발 담갔다 떠나간 사람에게도
보여주지 않은 얼굴인데
산이 듣는다, 아는 체 마라
산엔 아직 열지 않은 것
혼자 품은 말, 혼자 꿔 온 꿈,
혼자 추는 춤, 산정에서 혼자 외우던 대사가 있다
아직 들려주지 못한 노래가 있다
아는 체하면 돌아앉는다
네 앞으로 드러난 어깨와 등을 바라보아라
산은 푸르지만 천하 강골이다, 힘 있다
좀체 입을 열지 않는다
천년 침묵 속에
속울음인들 어찌 없었겠느냐
고작 몇 번 올랐다 아는 체 마라
언제, 산이 네게
무슨 말 한마디 걸더냐

홍시 2

하얀 접시에
홍시 네 알이 무르익어
시월 속으로 나앉은
샛노란 세상
이젠
꿈이다

맵시도 다소곳이
탐스럽다
가을 끝물에 한 생으로
완성이구나
이젠
잠이다

질경이 2

도시엔
인도블록에도
골목에도
네가 없더라
이유가 분명해졌다
시골서도
남들 터 잡고 난 뒤
비비고 들어설 자리가 없어
길바닥에 나앉는구나
그것도
아주 낮게
밟혀도
죽은 듯이
선택은
네 심성이구나

하물며

아침햇살이 내릴 때

구석구석
아침햇살이 내린다
비질하듯
안에 쌓였던 어둠의 찌꺼기를 쓸어내며 내린다
잠들지 못하던 자리로 음습했던 어제의
우울을 걷어내며 내린다
아침이슬에 등 떼밀려
소소한 것에도 눈 시리게 꿈 하날 조립하며 내린다
어제를 소각하고 오늘의 시간 위
젖 빨다 눈 맞춘 아기의
눈빛을 훔치며 그 아기 웃음의 행간으로
까르르 까르르 내린다
햇살에 순간순간 과거를 잊는다
구겨졌던 기억 너머 지난 이력을 또박또박 지워 간다
잠에서 깨어 처음으로 시를 부르게
아침햇살이 내린다

그늘 2

염천 아래
한낮을 떠돌다
산 그림자 내리면 이곳으로
한 가닥 사유를
방목한다

낯선 데서
먼 길 걸어온 사념 하나
끝자락 펄럭이며
내려앉을 때

가장 생광할 순간을 기다려
한 발짝 나아가려
지그시
눈을 감는다

공감

서로의
가슴 울리어
영혼으로 깨어난다.
울고 웃고 뜨고 가라앉는다
깊으면
너울로 일어나
안으로 흐르는 감성덩어리 뜨겁다
함께 부둥켜안아
숨 쉰다.
바람 쐬며 새소리 들으며
걸어온 길
그윽한 숲속 바위틈을
솟아
석간수에
흠뻑
적시다

소낙비

혈기방장
한 젊은이가
어찌
그 모양
근기 없는가

해도 했지
삽시에 지나가다니

여름 한낮
거 참
볼일 없는
외출

멋쩍다

낙엽수에게

할 말이 많았는데
어안 벙벙하다
인내의 끝은 어디냐
언제까지 견뎌내려느냐
일고여드레 연일 혹한인데 그냥 있구나
이사철인데
넌 단 한 번 주소 변동 사유란 게 없구나
임시변통도 모르는구나
낙장불입, 불퇴전이로구나
곱은 손이 곁불을 쬐려고도 않네
외곬에
불가역 불가해로구나
그래서 수없이 흔들어대도
무슨 말이 없구나

꽃이 필 때

꽃은 필 때 다른 생각은 않는다
아무것도 보지 않는다.
피는 순간에 갇힌 채 마음이 하늘에 닿아 있다
눈도 따라간다
열린 하늘에 집중할 뿐 그 이후에 대한
사려는 없다
그 순간의 숨결과 피는 것만으로 존재다
진정 꽃 하나에 기울었다면 꽃은 피면서 질 때를 생각하지
않을 것이다
지며 투덜대는 꽃을 보았느냐
꽃은 대체로 지는 것을 피는 일부에 편입한다
그러해
꽃이 필 때가 찬란해
그렇게 한 생의 서사를 끝낸다

하늬 앞 억새

하도 낯설어
아이들 울음소린가 귀 세웠더니
천지를 뒤흔드는 젊은이들 푸른 목청이다
가는귀먹어 다시 귀를 트니
제법 쓴 맛을 안다는 중년의 가파른 숨소리
열 받아 산등성마루에 오르거니
아, 저건
온몸으로 바람 안아 너울로 휘청대는
성난 바다다
깨어나라, 일어나라 소리치며
세상을 품는 바다
그 속으로 누웠다 다시 일으켜 세우며 이어 가는
춤사위라니, 광란이다
어쩌자는 것이냐
소리, 소리 지르며 겨울의 들머리를
저 하늬 앞 억새

파장波長

비 오지 않아
푸석해도 상관없다
굽고 펴고 하노라면 달아올라
개울에 이랑이 팬다
이랑은 경작할 마련으로 나직이
사유의 밭을 갈면서
사래로 흐른다

삶이란 품었다 또 놓는 것
놓았다 품는 것
무심결 굽이치는 것
살다 보니
시간이 흐르고 폭을 넓히며
거기, 문양을 넣는다
인생이었다

갈 곳으로 가는

길을 갑니다 남들이 가니까 나도 가는 거지만 남들이 가는 길과 다른 길, 내 길을 갑니다. 그냥 가지 않고 꿈꾸며 갑니다 제대로 난 길이 아닌데다 어둠이 내려 잘 안 보입니다 풀을 밟으며 움찔하다 돌멩이 하나에 걸려 넘어지는 걸음에 기우뚱 합니다 균형이 흔들려 불안합니다 그래도 길을 갑니다 놀라는 눈으로 들어오는 한쪽 귀퉁이 하늘을 흐르는 구름을 보았고, 넘어지며 발에 차이던 순간 대지 위로 불끈 일어서는 어느 생명의 한 조각 꾸던 꿈의 민낯을 찾았습니다 그뿐입니다 하지만 그 뒤로는 구름을 보는 게 익숙했고 넘어지는 순간에 일탈의 쾌락을 껴안는 방식을 알아 갔습니다 산다는 것은 놀라는 것, 넘어지는 것입니다 놀라면 깨어나고 넘어지면 꿈 조각 하날 줍습니다 여기 머물면서도 가고 있습니다 갈 곳으로 가고 있습니다 자주 놀라고 자주 넘어져도 좋습니다 울퉁불퉁한 오르막의 연속이지만 그렇게 가 능선을 타게 되리라는 내 예찰을 신뢰합니다 그게 남는 것입니다 남는 것은 남기는 것입니다 오늘도 몇 번인가 놀랐고 넘어졌습니다 놀라고 넘어진 만큼 나는 평안하고 또 꿈꿉니다 이게 갈 곳으로 가는 그 길이라고 믿을 뿐 내게 방향을 알 수 있는 지남이 없습니다 그래도 갈 곳으로 갑니다

4 – 유년의 집터에서

기도의 개념

눈 감으라

피는 꽃을 바라보며 지는 꽃에도 눈 떼지 마라

스러지는 한 방울 이슬, 한 마리 날개 꺾인 새에게도 다가가는 것이지

어둠 속에 더욱 빛나리니 촛불을 밝혀야 하는 것이 아니다

어둠을 지워낸 자리로 내리는 빛을 위해 반드시 神을 불러야 할 이유는 하등 없다

애초 태양을 우러렀듯 가슴으로 품으려는 그것, 울컥해 떨림이다

강렬해야만 하는 것은 또 아니다

나를 태우는 간절함

마음이지

의미망 2

시초에 그것은 다른 듯 같았다 그런 빛이던 게 조금 덜했거나 혹 더 짙어졌을는지는 모른다 하지만 무슨 연유인지 애초의 그 빛은 건드리지 않고 그대로다 먼 데서 가까운 데서 손놀림이 분주하다 산산이 부서져 흘러가는 것들을 건져 올려 같은 뜰채에 떠내면 팔딱거리며 선명해진다 다시 되살아나는 푸를 수밖에 없는 뜻, 노랗거나 붉을 수밖에 없는 이유, 그래서 나무와 풀이 푸르고 꽃이 노랗고 붉은 것, 꼼짝없이 거기, 갇혀 버린다

모국어

서툴러도 맑았지.
가슴 설렜지.
난생 처음
'엄마'를 부르던 때
그 목소리로

평생
사랑을 담아야지, 정을 쏟아야지
꿈꿔야지, 노래해야지
물 흐르듯
내일도 그려야지

빛나야지
'엄마'를 부르던 그때로
그 눈빛으로
가슴 뛰게

공염불 2

진리란 이치인데
어디까진가
푸줏간 갔다가
시퍼런 칼날이 고깃덩이를 잘라내
숭덩숭덩 써는 걸 본다
생명이던 것의 시신
당연히 끔찍해야 할 텐데 웬걸
입안에 군침이 돈다
저 단백질 덩어리
삶아 김 모락모락 나는 걸 쌈 쌀까
채소에 양념해 볶을까
먹을 생각으로 가벼운 귀갓길
고기뿐이랴
채식한다지만 야채도 생명인 걸
불살생이라니
그건 말짱 공염불

항아리의 방식

그 적
확
한 번 펴
불뚝
나온 배로
평생
포만하다

둥글다

바람에
쓸려 각지고 모났다 오래 비
내려 질척이다
우기 지나 활짝 갠 날
아침 햇살
그 햇살에 연둣빛 풀잎 끝 이슬
눈 시렸거니
기어이 안으로 스며
둥글다

젊은 날
설익어 풋풋했다 꽃이 진다고
마냥 진다고
오랜 밤을 뒤척였는데
굽은 등으로
가파르게 그 한 고비 넘었어도
모를 일이네

눈 속으로 오는 것들 다
둥글다

이 아침 2

아침 꽃그늘로
왔다
새 한 마리 이슬에
젖은 날개 파닥이며 날아간
뒤의 고요

풀잎 하나 까딱 않다
간간이
건들바람 지나는 쪽으로 나무들
깨어나는 소리

초록이 남실대는 마당으로
6월
한 자락 하늘이 내리니

어제의 근심 내려놓고

이 아침
참 화평하네

호두알

숨 쉰다
생명이 들었다
외피,
단단히 둘렀다
쇳덩이 같다
필연이다

비누의 생애

손이 만지작거리는
유혹에
속살 축내 가며
만날
그만그만한 거품의 가벼움으로 산다는 것
그런 손실이 쌓여
손에 아무것도 남아 있지 않아
그렇게 마감되는
한 생애 속
소멸의 의미는 무엇인지
그나마
그가 머물렀던
곳에 피어나는 꽃

곡선

설렁
물굽이가
어쩌다
급하다 해도

한가로이 내게로
오는 것은

휘감아 도는 흐름이 그리는
선의
굽이 그 하나다

아주 부드럽게
안긴다
굽이굽이

제야에

이 밤, 어디서 못 듣던 소리 들린다 전에 단 한 번도 들은 적 없는 소리다 숨이 붙어 있는 시간의 끄나풀을 간신히 붙들고 앉았을 뿐 또 한 해가 명을 놓아 버리려는 이슥한 시간 산울림은 아니고 바다도 혼곤해 잠들었고 새는 산사를 두른 천년 숲에 누웠는데 뚝뚝 낙숫물처럼 귓전으로 내리는 소리 분명 있다 낮고 작지만 날 세워 칼칼하고 냉엄하다 오싹 낯설다 길 없는 산야로 길을 내며 몇 번인가 당도해 오던 그 목소리다 잔뜩 귀 기울인다 언젠가도 이 밤에 서성이다 차마 입을 떼지 못한다던 목소리인 게 밝혀졌다 나더러 해를 닫고 다시 한 해로 가는, 그곳으로 떼밀려 경계의 마지막 지점에 닿아 있음을 알라 순간순간 어조 처절하다 딱히 할 말이 없는 나는 진동하는 소리 끝 울림에 밤 속으로 묻히고 말았다 나이만 먹는데 무슨 말을 하랴 다시 침묵에 들어야 하리 이번에는 전과 다를까 마주해 아득히 멀겠다 긴 긴 말없음의 시간

사족

말이란
한마디로도 되는 것이나
내가 하고자 한 말을
못 다한 그 속을 모를 것이라
말은 꺼냈어도 막상
그 속에 옹이가 들앉아 흐르지 못하는
알집이란 게 있어
이렇게 사족을 다는 것이지
딴은
할 말만 하고 닫아 버리면 메말라
무정하거니와
웃음까지 잃게 되거든
그래서

암각화

간절함은
바위를 뚫는다
그림을 그려도 지워지지 않는다
까마득한 선사시대, 저 짐승과 물고기를
그린 어떤 손의 노고는
풍요를 기원하던
이미 종교를 넘어 삶
바위에다 무엇으로 그렸을까
깎고 갈다 쪼고 다시
깎는 소리 산울림으로 오더니
마침내
그림 속으로
그때의 비 뿌리고 지나는
그때의 바람

나의 실루엣

얼핏 보았다
언젠가 본 적 있는 얼굴에서
둥둥 떠내리다 잠적해 버린 게 떠오르고
나는 이제 놓치지 않으려 집요하다
빛깔은 해체되지 않았고
아직 있다
다만 더 나가지 못하고 늘 그 늪에서 서성거리니
나는 지금 무엇에 갈급한 것이냐
이쯤에서 더는
날 떠밀지 말자 해도
자꾸 떠나고 있으니 모를 일이다
그래도 방임하진 말아야지
어느 범주에서 철없이 놀고 있다 용인해야지
몰풍스레
낙엽수가 달고 있는 마른 잎이
하늬에 바삭바삭 떨고 있는
겨울 초입

유년의 집터에서

둥글게 꺾여 늘어진 골목엔 흐르던 시간이 멈춰선 자리로 낯선 잡풀이 무성하군요

먼 데를 돌아오는 사이 집이 헐리고 밭이 된 세월만큼 철딱서니 없는 내 기억도 파이다 누렇게 삭은 몇몇 뼈대로 삐걱거립니다

그때의 바람은 지금 어디를 지나고 있을까요

어른으로 늙어 가고 있을 그때의 아이들은 지금 어디에 있으며

흙 속에서 고물대며 알갱이로 일어나는 내 아잇적 서사의 서두입니다

이름으로 태어났던 자리에 서서 그때의 울음을 터트리고 싶지만 다독여 줄 손이 없는 지금, 차마 울지도 못합니다

그래도 이상한 것이 나이 탓일는지요, 혼자서 축축하군요

빈병

그대여
들고나는 바람소리에
귀 기울이지 않는다, 뭐라는가
한때 충만한 시절 있었고 그때 있었던
화평의 기억이면 되는 것이지
하늘이 뜨지 않고
흐르던 구름 멈췄지만 무슨 상관인가
바람만한 것이 없지 않나

평평 쏟아내던 시절
철모르고 들떴던 일, 그래도
그날, 날 기울게 바라보던 그대 눈빛
둘레에 아직 빛나네
귀는 닫고 있지만 눈 밝으니
세상 살며 바라볼 산이 있어 된 것이지
산만한 것이 없지 않나
그대여

풍경風磬 2

경에 귀 세우고 있다
바람 아니다
댕그랑 댕댕그랑
어느 대목에선가 파르르 떤다
목탁소리 뜨거워질 무렵 불당에 귀 대어
크게 울었다
이번엔 무슨 진언이 남실대는 걸 듣고 있다
말씀에서 새어나오는 빛
재빨리 훔치고 있다
음악과 다른지, 다르면 무에 다른지
눈 껌뻑거린다
행여 공허하더라도
공허가 내는 빛에 기대
몇 번인가 거푸 울고 울다
나는 끝내
눈을 감아 버린다

실험에 대한 의견

휘발성이 있어
어느 지점에서 화기에
폭발할 수 있다
겁내지 마라
원래 그런 것, 기다려야 하느니 반드시
그 순간, 피어나는 꽃이 있다
골짝을 헤매다
하늘이 내려앉은 자락에 피는 꽃은 외롭다
외로워 곱다
어둡고 낯선 숲을 헤치고
등성마루에 서면 그 길에서 만나는
바람에 흔들리는 잎 사이로
숨었던 꽃이 보일지니
놓치지 마라
나 지금, 걸어 온 길의 노역에 대해
말하려는 게 아니다
폭발에 두려워하지 않는

네 실험에
동의하려는 것이지

작지 않은 집

뒤엔 산 앞은 바다
풍수 좋아

절집 둘레를 한동안 서성이다 돌아앉아 눈 감고 두 손 모으는 산
곤고한 날도 푸른 물굽이를 꿈꾸며 춤추는 바다
햇살 금실로 내리는 날 집 구석구석 흔들어 깨우고 나오는 바람
불 밝힌 창 너머 웃음소리에 피는 꽃
빈 가지에 앉았다 날아간 뒤로 흐르는 새의 노래
진종일 재잘대다 돌아갔어도 아이들 또 약속한 날 기다리며 살아갈

읍내, 작아도
작지 않은 내 집

5 – 담쟁이의 꿈

요약에 걸려

줄인다고 숨 막혔다
밀어낸다고 가슴 에었고
어르며 철없이 추려낸 일 허망했다
어지간히 까부숴는데 속은 어떨지 모르겠다
들킬까 봐
잠 안 오는 밤에 혼자 꺼내 본다
달라진 게 없다
잡풀처럼 돋아난 상념의 한쪽 귀퉁이를
쪼다 만 노역 뒤로
일렁이는 바람의 공연한 수작이
쓸쓸한 날
한 구절의 요약에 걸려
쓰다 멈추고 울 수조차 없어
이 나이 덧없어라

下山 길

분명 올라온
그 길인데
낯설다

역방향이라서 그런가

그 뒤로
몇 번을 반복해 오르내렸다
그래도 낯설다

이유 있었다

오른 길인데도
달랐다
내리는 것 하나에만 골몰했다

오로지

그 한 생각이
오른 길을 지워 냈다

하산下山도
한 세계다

춤판 자판

자음과 모음이 결합하는 소리가 내 혼돈을 흔들어 깨우더니 영혼의 골짝을 지나 풀밭을 맨발로 내달릴 무렵 눈앞으로 당도한 햇살 아래 기화요초 만발하다 눈 닦고 봐도 태반이 못 보던 꽃이다 꽃이라, 그중 이름 모르는 것들에 쏠려 한 통속이 된 나는 기어이 그 속으로 들어가 그들과 함께 한 장의 꽃잎을 조각하는 데 골똘하다 애초 맑은 음운으로 나를 흔들어 깨우던 자모들이 낯선 꽃으로 피어날 즈음, 사방에서 일어나 별난 가락으로 코스프레하는 말들, 그 말들이 봉곳이 하나의 사상으로 피어나며 자판은 이미 절정의 춤판이네

우우우

썰물 때
바다가 강풍을 만나면
우우우
목 길게 뽑아
밭은 소리로 운다
밤새 물결로 잦아들며 울다
아침이 낮으로 울다
해거름이면
하늘을 나는 물새의 날갯짓으로 운다
저 소리 한데 그러모아
그만한 것들 울대로
우우우
어깨 들썩이며
소스라쳐 나도 한번 울고 싶다
영혼이여, 귀 기울여라
한 편의 시로 울게
우우우

낙서한 건데

궁리거나
무슨 생각이 없었다

심심풀이로
긋고 그렸더니
글이 되고 그림이 되었다
말 아니면 아닌 대로 거칠고
우스운 대로
심심해 긋고 그렸더니
어느 날 그게
나선이 되고 원으로 구르고
물결로 일었다
종당 무엇이 타오르고 구르며 남실댔다
낙서한 건데
시나 수필이 되었다
생각 없이 긋고 그린 그게
글이 되거나 글을

쓰게 했다

마침내
나는 팔딱거렸다

마침표를 찍어야 하는데

바람 앞에 나뭇가지가 어린아이 장난기처럼 하늘거린다 그 동요, 그늘진 숲 속에 완결되지 않은 악보의 운율로 남아 있다 글 한 편 쓰는데 이로理路를 놓쳐 샛길에 빠지더니 끝없이 미로를 헤맨다 낯선 길이 호기심에 빨려들어 속절없이 허둥대는 걸음 떠났던 지점으로 돌아와야 창을 닫을 텐데 눈앞으로 안개 떼 지어 흐르고 산을 타던 말들이 가파른 능선 앞에 대책 없이 나부끼고 있다 써야지 깃발을 올리지 못해도 써야지 마침표를 찍어야 글이지

골짜기에서 난 길

골짜기에선 고요를 넘어야 합니다
고요를 넘어야 길입니다
길 아닌 길입니다
고요를 넘었을 때 길이 있어 골짜기입니다
산이 버리고 떠난 이곳은
망각의 땅입니다
이곳은 골이 깊어 아늑하다지만
춥고 외롭고 불안합니다
멀리 들리는 들짐승 울음 위로 땅거미 내리면
이곳에도 별이 내리고
잠 안 오던 밤을 지나 아침입니다
잠방이 이슬에 채며 나서면
어제는 없던 길입니다
길을 잃었지만 길 한복판에 내가 서
있었습니다
고요를 넘어 이미 길이었습니다

섬 3

운명이라 마라
바다 속에 뼈대로 뿌리를 세웠지만
종종 수평선 넘어 눈 맑은
사람도 만나고 온다

아잇적 그린 도화지에
그림으로 지나는 배를 향해
손 흔드는 환희의 순간을 며칠이고
기다리는 기쁨

외롭다 마라

공중을 나는 새 떼의 선회에
갈맷빛 꿈 조각들이
몇 번이고 눈을 맞춘다

적막 속으로

자맥질하다 한잠 자고 나면
앞에 와 있는 싱싱한
날것의 아침

섬 4

닫지도 빗장 지르지도 않는다 배 타고 오는 이에겐 문 열고 가슴팍 내밀어 품는다 오지 않는 이에겐 늘 섬으로 있을 뿐 뭍에 나가 맞이하지 않는 고집에 천년을 살았다 손 내밀며 길을 내고 오라 한다 오는 이완 연을 맺고 다시 오면 끌어안고 더 오면 정이 드는 것이지 새들이 있어 외롭지 않다 그들의 노래는 유행 타지 않아도 음표 없이 퍼지고 그들의 날갯짓은 뽀얀 내 꿈이다 삶은 이곳에도 모질게 돋아나 잡동사니 숲속으로 꽃들이 피고지고 그걸 어루만지면 아이처럼 가슴이 벌름거려 떠날 수 없다

담쟁이의 꿈

시원이 그립지만 지금
길을 내는 중이다
내 노역이라 일단 추억은
유보하기로 했다
간밤 휘황하게, 불빛 타고 흐르던
두런두런 삼층의 목소리
단란했다
귀 기울이다 왠지 잠이 오지 않았다
옆을 기웃거리며 게걸음이다
이젠 위만 보며 올라야지
불 밝히기 위해
불 꺼진 밤에도 쉬지 말아야지
멀리 왔구나, 잠시
굽어보다 어지럼 타지만
올라가야지
내겐 아직 꿈이 있다

구석에는

좀체 날빛이 들지 않아
습한 것에 짓눌려 주눅 들망정
접힌 듯
눈길에서 떠나 소외된 공간
심심찮게 머물러 그래도 꺼내보지 않은 적막 속으로
꿈을 말하는 소리 온다
통제되지 않은 적막이 날아오를 만큼
한밤중, 헌 날개를 수선하는 재봉틀 소리도 들린다
목을 길게 빼 가며 저 너머 걸리는 하늘가
평생 구름으로 흐르고 싶던
그곳에 몇 장의 소소한 꽃잎으로 밝아 오는
겨울 아침
대지는 꽁꽁 얼어붙어도 바람 한 점 없다
여전히 빛은 오지 않는데 구석에는
으슥한 조명발에도
있는 듯 없는 듯 살아가는 자의
좌와기거에 깃든 평안

간절하면

단언은 아니나
인생을 한참 살다보니
의식주가 눈앞의 제일 큰일이고
나머지는 그때마다 할 수 있는 만큼 풀면 되는데
쉽지 않은 게 있다

내가 왜 이 아픔을 참아야 하느냐
꼭 이래야만 되느냐
몇 고비를 더 넘어야 하는 것이냐는 물음에 답이
나오지 않는다

크게 우려할 건 아닌 듯하다
너머에 닿으려면 산을 넘어야 한다는 것
되게 돼 있다
넘어야겠다는 뜻이 있고 또 마음이
간절하면

요일 I

일요일, 뚝뚝, 순간순간 꽃이 진다
　　바짝 다가가 다시 피어라 두 손 모아 비나리하고 있다
월요일, 이젠 특별히 하는 일이 없다
　　앞마당에 나섰다 바다가 그리우면 해안도로로 달린다
화요일, 낯설던 새도 낯설지 않다
　　감나무 빈 가지를 오르내리는 저 멧새를 한나절 품을까
수요일, 허구한 날 무심히 나 몰라라 해 왔지
　　개수대에 선 어깨 아픈 아내 밀어내 산으로 앉은 설거지를
　　해야지
목요일, 불현듯 맘 곧은 이가 생각난다
　　오십 년, 아직도 그 집에 사는 친구에게 엽서 한 장 보낼까
금요일, 바람 뒤로 현관에 들어서면 된다
　　아들네 달려가 손주들이랑 동네 한 바퀴 돌면 좋겠네
토요일, 찾다 보니 머리말이었다
　　읽던 시집, 다 읽고 몇 편 골라 소리 내 읽겠다

요일 2

일요일, 일 없이 한가로우니
　　앞마당 낙엽수에 기대 숨결에 귀 기울이리
월요일, 바다는 지금도 갈맷빛일까
　　길 건너 바다에 가 물 빛 보다 떼 지어 나는 새 보았으면
화요일, 나를 확장했으면 좋겠다
　　잔디마당에 누워 구름 따라 하늘을 무작정 흐르고 싶어
수요일, 만날 그 글이면 내려놓아야지
　　글거리를 찾아 들판을 떠돌다 늦게 돌아와도 삶이지
목요일, 이런 맑은 눈들이 있었구나
　　난실에 물 흠뻑 주며 시 한 편 훔쳐볼까
금요일, 손 내려놓고 놀고 싶다
　　읽고 쓰는 걸 털고 나서 언덕에 올라 먼 산 바라본다
토요일, 덧없다는 말뿐
　　놀고먹는 사치에 푹 빠져 있는 내 늙은 초상이나 그리자

和音

고단한
몸이
쉬러 떠나더니
그 바다
물결의 운율로 춤추며
이랑의 높이로 일렁이면
설렁
높고 낮거나
삐뚤빼뚤하더라도
그건
和音이다.
문득
눈앞으로 다가선
수평선의
조율

일탈 3

불끈 넘어선 것이다
갇혔던 것들을 방임하면 다시
거두지 못한다
한때 평면을 밟고 넘으려 주렁주렁
탐스러운 열매처럼 수직에 매달렸던 것들이
햇살이 눈부시다 뿔뿔이 흩어지며
잃어버린 원근
지금 어디로 가는 것이며
언제 돌아올지 어떨지는 알 수 없는 일
발끝에 차이는
돌멩이 하나에도 낯붉히며
그곳으로
밤은 기어이 내리고 있을 테지만
이전에 서 있던
낮은 데론 내리지 않겠다

상상이 내리는 그곳서

가령이지만 거긴
나 어릴 적,
언덕에 올라 그리던 곳이다
그곳엔 내가, 세상모르던 시절의
내가, 지금도 턱 괴고 앉아
눈을 껌뻑이고 있다
본 듯 낯선 나를 보며
의아해 한다
그새 나는 상상이 내리는 그곳을 떠나 얼마나
흘렀을까
골을 파다 멎은 건천
뒤로 바람에 휘청거리던 흔적
받아 앉은 도화지엔
내 손으로 그린 그림 한 점이 없다
꽃이든 철없는 구름이든
무엇 하나
그려야 하는데

상상의 그림, 상상이
내리는 그곳서

色

그 色.

낯익은 고샅
늘 그 문턱 넘어
구름 타고 흐르다 내려도
그 자락
어언 마흔 해쯤
그적 기워 입은 옷
이젠 남루
비 맞고 바람에 나부껴도
아침이슬 스며
한 생을 바라보는 산으로
앉아 산보다
높고
더 짙고
더 푸르다

이젠
영혼으로 고였다

내 色

변곡점

비 뒤, 햇살

한눈에 들게
선은 저렇게 긋는 것이지

어제의 우울을 지우더니 오늘은
속 깊이서 솟아나온
갈망의 저 눈길

등 돌렸다
다시 앞으로 돌아앉는 눈빛

고운 아침이
그
고비였구나

| 부록 |

『心象』에 실렸던 시편들이다.
'창작 노트'가 곁들여 있다.

빨간색의 기억

몇 살 땐 지워졌고/ 못 살던 것만 기억에 있다//
백로지에 동그랗게 그리고 거기다/ 빨간색을 올렸다/ 올리고 또 올리고/
벗겨질까 봐/ 빨강 크레용을 문지르고 또 문질렀다//
손에서 빨갛게 달아오르던 그것/ 내가 처음으로 그린 능금이었다/ 무슨 책에서 봤을까/ 머릿속엔 빨간색만 남아 있다//
그리다 보니 맛이 돋아/ 그림에서 그 능금 빨갛게/ 익었을 것이다

〈시작 노트〉

애초, 사과를 능금이란 이름으로 알았다. 그때 쪼들리게 가난했다. 능금을 사과라고 하는 걸 알게 된 건 열 살을 넘어서였다. 시골 여자

아이 볼도 능금처럼 빨갛게 달아오를 때가 있었다. 저녁놀 빛이었다. 먹어 본 적 없는 능금을 그린다고 백로지에 빨간색을 마구 칠해 댔다. 먹고 싶은데 장날 좌판에 와르르 쏟아 놓던 능금인데, 사먹을 돈이 없으니 그림으로라도 그리려 했을 것이다. 빨강을 칠하고 덧칠해 문지르고, 칠하다 문지르며 입엔 침이 설설 끓었다. 맛도 모르면서 침을 흘리는 순간순간 능금이 그림 속에서 익어 갔다. 내 유년의 기억 속에 사과는 능금이었고, 능금은 내 손으로 그려 빨갛게 익었던 것이다. 달고 시큼한 그 맛을 처음 경험한 것은 초등학교 5학년 가을 운동회 날이었다. 어머니가 들고 온 점심 바구니 속에 능금 한 알이 풋감이랑 함께 들어 있었다. 내 그림 속의 것보다 훨씬 설익었지만 신선했다. 싸구려였으나 달았다. 입 안에서 침이 끓었다.

내가 처음으로 들은 사과의 이름은 능금이었고 처음 맛 본 것은 내 그림 속에서였다. 그러니까 어머니가 운동회 날 사 온 그건, 두 번째였다. 두 번째보다 첫 번째 능금이 더 빨갛던 이유를 나는 지금도 모른다.

더위의 행간

더위 틈새, 어둔 구석에 쪼그려 앉은 기억 하나 끄집어냈다.

별 아래 검불로 붕 뜬다. 뜻밖의 부양이다. 웬 수작을 걸어오나 했는데 그건 해거름의 기우였을 뿐, 그게 내게로 온 것의 실체는 진즉부터 날 소년 시절로 내리는 뽀얀 길목에다 세워 놓은 거였다. 거긴 생각보다 산산한 훈풍이 머물고 흐르던 구름 끝자락도 남아 있었다. 어제 지다 지쳐 잠들었던 꽃도 마지막 한 장에 몰두해 있었다. 멀지 않은 곳에서 가는 휘파람소리가 났다. 8월의 뙤약볕에 김매다 무심결 애솔밭을 지나는 바람 한 점 불러 세우던 어머니.

〈시작 노트〉

별나게 무더운 여름이었다. 찜통, 불볕, 잉걸불을 쏟아 붓는 것 같다고 빗대기도 했다. 가만 앉아 있어도 땀이 줄줄 흘러내리니 일이 손에 잡히질 않았다. 가뭄이 가세해 여름이 펄펄 끓었다. 찻길로 내리는 고샅이 가팔라 오르내리며 숨이 찼다. 일이 없는 날엔 집 안에 들어앉는 게 상책이었다. 단절이 외려 나만의 울타리를 명확히 하며 평소 너절하게 흩어 놓았던 소소한 일들을 주섬주섬 줄 세우는 의외의 성과도 있었다. 마당 모퉁이에 멀꿀나무 그늘이 있다. 사반세기를 가꿔 온 숲 그늘이다. 여름 해가 뜨거운 만큼 그늘이 깊다. 숲 아래 제주 현무암을 연마해 탁자를 만들어 앉혀 넷이 마주하게 의자도 편안하다. 여름날엔 이곳에 앉아 읽고 쓰고 했다. 여름의 열기를 식혀 주던 그늘에 바람이 오지 않던 어느 오후, 무심히 휘파람을 불고 있었다. 예전, 어머니는 여름날 움푹 꺼진 밭에서 김을 매다 숨이 막

히면 휘파람소리를 내 솔밭의 바람을 당신 앞으로 불러들이곤 했다. 휘리리 휘리리. 문득 어머니의 휘파람소리가 떠올랐을까. 한 점 바람이 오고 이파리 한둘 하늘거렸다. 올여름 무더위에도 에어컨은 버려두고 선풍기만 켜고 났다. 내 안에 어머니의 바람이 있었을 것이다.

'이륙 2'

다시 붙들었지만/ 오랜만에/ 잔뜩 쥐었던 것들 한꺼번에 놓아 버린다.//
전부터 부둥켜안았던 것에서 일상까지/ 오늘, 이 방임의 범주가 꽤 넓다./ 쉬이 놓치고 싶지 않은 것도 쉬이 놓아 버리는/ 전에 없던 이 이완의 헐거움//
무엇에서 떠나는지/ 어느 건 그냥 품은 채로인지/ 구분할 것 없다.// 떠났다 돌아올 때, 그때/ 있을 것이 와 있을 것인즉 그걸 다시 붙들고/ 내일로/ 돌아가는 것이지.

〈시작 노트〉

불볕더위에 일본 오사카에 다녀왔다. 초행이다. 연전에 돌아가신 장모님 영전에 참배하기 위해서다. 목적 있는 나들이로 관광을 위한 여행이 아니었다. 2박 3일, 짧은 일정으로 목전의 일을 웬만큼 치렀다. 일제강점기에 도일해 그곳서 한 생을 마친 어른의 영전에 아내는 오열했고 나도 죄인으로 침묵했다. 현지에서 처제 혼자 장례를 치르면서 한국의 언니에게 부음을 전하지 않은 단호한 작심 앞에 말을 잃었다. 어머니가 세 살 적에 떼어두고 와 당신 손으로 언니를 키우지 않았다는 게 이유였다. 왜 그런 단순한 생각을 했을까. 나는 이미 제주공항에서 내가 탄 비행기가 이륙할 때 예감했다. '쉬 놓치고 싶지 않은 것도 쉽게/ 놓아 버리는/ 전에 없던 이 이완의/ 헐거움', 이륙은 오사카에 나를 내려놨지만 그것은 채워지지 않는 허기로 붕 뜬 채 있었다. 길지 않은 오사카의 사흘, 나는 아내의 눈만 쳐다보고 있었다. 위로의 말이 찾아지지 않았다. 조그만 납골묘에 봉안해 있는 어머니 생각에 속이 엘 대로 엤을 것 아닌가. 바로 그 길로 비행기에 몸을 맡겼다. 다시 오사카의 어머니 영전에 선다는 약속은 못하고 왔다. 아내도 나도 이제 여든을 바라본다. '이륙'을 시로 썼으되 차마 '착륙'은 쓰지 못한다.

(『心象』 2019년 6월호)

골짜기를 지날 때

하늘이 비켜선 날 숲에 갇힌 새는/ 날개에 속도가 붙지 않아 구름만 바라보았지

새 내렸지, 내려앉은 자리로/ 어여삐 피어난 풀꽃의 노고가 눈물겨운 날

이들 조합이 벌어진 골짜기를 지나며/ 한때 나도 주춤했었지

생명이 제 갈 곳에 이르지 못할 때도 피어난 꽃이 있어/ 나는 다시 걸음을 내딛었고 골짜기는/ 전에 없던 함성으로 우우우/ 이슬을 털며 마침내 일어나고 있었지/ 지금쯤 그 새 날개 깁고 먼 하늘을 파닥일까/ 구름도 손짓하며 부를 것인데/ 골짜기를 지나온 지금/ 몇 마장 거리에서라도 지켜보고 싶다.

파열

먼 길이었다/ 돌고 돌아 온 먼 길이었다

언제는 비바람에 부대끼며 다만/ 한 번의 만남을 위해 터져 나오는 속울음

삭였던 시간의 뒤꼍에서/ 몇 날 밤을 새웠나/ 말이란 하고 난 뒤가 쓸쓸한 것

이제 무슨 말을 할 것이냐/ 갈망해 오던 것이라/ 붉은 속살 드러내 놓고

막춤이라도 추어야 할 것이 아니냐/ 찢어진 뒤 기쁨이 되는 건

찰나다 눈 꼭 감고/ 울대 놓아 이제/ 터뜨려야 한다, 생애/ 딱 한 번이다

현관

저녁/거리에 불이 꺼지면

갑자기/세상이 낯설다// 고단한 하루를 부리려/ 고샅에 내리면 굽은 등이 뼈대를 세우며/단숨에 닿는 곳// 발자국 소리에 귀/ 세웠나// 손을 내밀려는 찰나 안에서

덜커덩/ 현관이 열리고// 확/얼굴을 끼얹는/ 온기

〈시작 노트〉

〈골짜기를 지날 때〉

풀이 제 몫을 다하지 못해도 꽃은 핀다. 햇빛과 바람과 이슬이 협동하는 생명의 이 노역은 위대하다. 기어이, 꽃을 피운다. 꽃은 자그마치 생명이 눈물겨웠음이 실현한 고귀한 성과다. 새의 비상을 지켜본다. 나와 무관치 않은 것, 무심할 수가 없다. 실은 내가 설치한 가설무대—심산유곡에 유폐된 채 이 모든 정황을 바라보던 나도 주춤했던 몸을 일으켜 지금 어디쯤 날고 있을 새의 회로를 쫓고 있다. 당장에 보이지는 않지만 집요하게 그의 궤적을 놓치지 않을 것이다. 너나없이 인생의 골짜기를 지난다. 산다는 것은 그런 것이다. 그게 작위인지 무작위인지는 잘 모르겠다.

〈파열〉

웃음은 무턱대고 오지 않는다. 슬픔에 겨워 들먹이는 한바탕의 울음 뒤에 온다. 슬픔이 극한에 이를수록 웃음이 밝을 수밖에 없는 이유다. 한데 그 속울음만으로 웃을 수 있으면 좋으련만, 그렇지 않은 것이 인생사다. 이글대는 폭염 아래 봉숭아 열매가 통통해지더니 스스로 제 목을 뒤틀며 퍽 하고 터진다. 불과 일초, 삽시의 일이다. 확 뒤집힌 속살의 힘이 씨앗을 밖으로 쏟아 놓는다. 찢어지는 것은 기쁨이었다. 때를 놓칠세라, 눈 꾹 감고 울대 놓아 터트려야 한다. 파열, 생애를 두고 딱 한 번이다. 눈앞의 숨 가쁜 제의에 하늘이 내려 앉는다.

〈현관〉

바깥세상에서 속절없이 허둥대다 귀갓길에 설 때, 갑자기 숨이 차오르는 걸 경험한다. 산을 내리며 한 굽이 휘돌려는 고비에 느끼는 하산의 기쁨 같은 것일까. 나이 들어 쉬이 고단한가. 산을 내리는 길이 오를 때보다 힘겹다. 그래도 무슨 숙제처럼 저벅저벅 풀어내야 한다. 마음이 시키는 대로 따르는 걸음이 순조로운 것은 정한 이치다. 고샅길이 등성이인데도 잰걸음이 돼 저만치 문간이 눈에 들어와 있다. 굽은 등이 뻐대를 세웠으니 알 수 없는 일이다. 내가 잽싸게 손을 내밀었는데 안에서 먼저 열리고, 얼굴을 끼얹는 온기. 하루의 피로가 녹아드는 순간이다. (『心象』 2019년 9월호)

| 발문 |

2005『心象』등단 후, 여덟 번째 상재이다. 해가 차면서 반듯하게 비평을 받으려 하다 다시 뒷걸음질이다. 상품이 좋아야 위탁하는 법이지, 미상불 아직은 '이것이오.' 하고 내놓기가 그래서 손 잘 탈 참한 이에게 기댈까 하다 그만 두었다. 기회가 오리라 믿는다.

목월의 자작시 해설『보랏빛 素描』를 본받기로 했다. 평소 내 관성엔 근육이 제법 발달해 있어 많이 써 버릇해 왔다.『둥글다』에 95편을 싣는다. 태반이 소품들이다. 2018이후 2020. 2.까지 쓴 시가 500여 편, 고르느라 진땀 쏟았다. 이번 선에 들지 못한 것들은 사장될 게 불 보듯 한 일이다. 갑자기 갓난이를 떼어 놓고 먼 길 나서는 어미마음이 된다.

여운이 마음자리로 너울 치는 중에, 발문에다 몇 편 올려놓아 다독이기로 한다.『心象』에 수록됐던 6편의 시를 올리고, 나머지 2편은 표제작과 최신작 각 1편씩이다.

이들 2편을 쓰면서 안에 꿈틀거렸던 시적 상념과 대상에 감응해 사유로 흘렀던 한 가닥 소회를 풀어놓고자 한다. 모티브이면서 졸시 해설이라는 소박한 수준에 머묾을 진즉 토설한다.

바람에/ 쓸려 각지고 모났다 오래 비/ 내려 질척이다/ 우기 지나 활짝 갠 날/ 아침 햇살/ 그 햇살에 연둣빛 풀잎 끝 이슬/ 눈 시렸더니/ 기어이 안으로 스며/ 둥글다

젊은 날/ 설익어 풋풋했다 꽃이 진다고/ 마냥 진다고/ 오랜 밤을 뒤척였는데/ 굽은 등으로/ 가파르게 그 한 고비 넘었어도/ 모를 일이네/ 내 속으로 오는 것들 다/ 둥글다

—〈둥글다〉 전문

시가 써지지 않을 때는 앞마당을 서성인다. 나는 뒤척이는데 나무와 돌은 어제의 그 무표정으로 무덤덤할 뿐이다. 건들바람에 미동도 않는다. 그새 어지간히 '각지고 모났으니' 더는 살과 뼈를 추스르지 않아도 된다 자신함인지 속내를 알 수 없다.

마침 좋은 햇살에 눈부신 아침이슬 한 방울 스르륵 안으로 든다. 티 한 점 없이 맑고 완미한 것, 각지거나 모나지 않으니 둥글 수밖에 없다. 꽃은 피면 지는 게 순리인데도 여러 밤을 뒤척이며 시간 속에 가팔랐더니 굽은 등이 진 꽃을 안은 걸까. 늘그막에 원융에 닿으라는 눈짓일까. 둥글다

내 시는 뻔질나게 자연과 교통하고 세상과도 통섭한다. 바람, 이슬, 비, 햇살, 이슬들. 그것들과 노닥거리는 데 집중하노라면 어느새 속으로 침잠한다. 그런 한때의 도정을 거치고 나면 굽은 등이 고단하긴 해도 내 안에 화평함이 깃들어 있다. 순우리말 '둥글다' 자체만으로 이슬처럼 둥글다. 시적 은유와 제휴했다.

이렇게 쓰고 나면 마음이 우주를 담아, 쪼그려 앉아 웃는다. 원만한 웃음이다. 안으로 스며드는, 그것은 둥글다.

그대여

들고나는 바람소리에/ 귀 기울이지 않는다/ 한때 충만한 시절 있었고 그때 누렸던/ 화평의 기억이면 되는 것이지./ 하늘이 뜨지 않고/ 흐르던 구름 멈췄지만 무슨 상관인가/ 바람만한 것이 없지 않나 //

평평 쏟아내던 순간/ 철모르고 들떴던 일, 그래도/ 그날, 나를 기울게 바라보던 그들 눈빛/ 둘레에 아직 빛나네/ 귀는 닫고 있지만 눈 밝으니/ 세상 살며 바라볼 산이 있어 된 것이지/ 산만한 것이 없지 않나

그대여

—〈빈병〉 전문

최근작으로 즉흥시다. 순간에 받아쓰기 하는 이런 경우를 간혹 만난다. '빈병'은 늘그막, 또 다른 모습의 내 초상이다. 한때 풍만했지만 지금은 바람만 들락거린다. 철이 들었다며 붕 떴던 시절도 있었지만, 이제 집착 따위를 내려놓고 산만한 것에도 기대고 싶다. 내 속앓이를 그대로 삭여 놓은 것이다.

설익어 꺼칠해도 외양의 겉멋을 털어 버리고 내면의 속살, 탯줄 그대로의 결과 빛깔과 일렁임으로 남은 자잘한 짓—내 안 원시의 순수를 함께 퍼 올리려 했다.

빈병을 채우려 버둥거리지 않는다. '하늘이 뜨지 않고/ 흐르던 구

름도 멈췄지만 상관없다.' 때가 되면 뜰 것은 뜨고 흐를 것은 흐른다. 종당에, 포만해질 것이다.

김길웅의 제8시집

둥글다

초판인쇄 2020년 4월 20일
초판발행 2020년 5월 04일

지은이 김길웅
펴낸이 노용제
펴낸곳 정은출판
주　소 서울특별시 중구 창경궁로 1길 29 (3F)
전　화 02-2272-9280
팩　스 02-2277-1350
이메일 rossjw@hanmail.net

ISBN 978-89-5824-408-0 (03810)
값 12,000원

* 이 책은 마포구에서 개발한 Mapo금빛나루체를 사용하여 제작되었습니다.